AF438245

RÉFLEXIONS

SUR L'ARRIVÉE

DE BUONAPARTE A PARIS,

LE 20 MARS 1815;

ET

SUR LE RETOUR DU ROI.

A PARIS,

CHEZ GIDE FILS, LIBRAIRE, RUE S. MARC, No 20.

1815.

RÉFLEXIONS

SUR L'ARRIVÉE DE BUONAPARTE A PARIS,
LE 20 MARS 1815,

ET

SUR LE RETOUR DU ROI.

BUONAPARTE est arrivé de Cannes à Paris sans obstacle. Ses partisans, fiers de cet événement, en concluent qu'il a été rappelé de son île par l'amour des Français ; et, pour produire un contraste qui les enchante, ils ne manquent pas d'ajouter que Louis XVIII n'a pu revenir qu'au milieu des baïonnettes ennemies.

On leur a déjà répondu que le retour de Buonaparte n'avait été qu'un coup de parti combiné depuis sa première abdication, et que l'armée toute seule avait exécuté. Or, l'armée était dejà telle qu'elle s'est montrée depuis, c'est-à-dire entièrement détachée de la nation par ses vues, ses intérêts ; et la résolution inouïe qu'elle a cru devoir prendre, ne peut rien prouver à l'égard de nos sentimens. L'armée a dû prévoir les malheurs que Buonaparte attirait sur nous, et qui, depuis, se sont réalisés. Toutes les classes de la société en étaient pénétrées ; un cri spontané, presque universel, de terreur, s'est fait entendre : l'armée cependant n'en a point été ébranlée. D'où vient donc cette étrange différence de volontés entre nos défenseurs et nous ?

Si Buonaparte eût été simplement général, il n'aurait pu que diriger les bienfaits du prince, et l'armée française ne serait pas devenue la sienne propre. Les soldats n'auraient eu pour lui qu'un attachement proportionné au soin qu'il aurait pris de l'armée, et une estime égale à ses talens. Malgré cet attachement et cette estime, l'armée n'aurait pas fait abstraction de la patrie, représentée par le souverain. Buonaparte aurait pu cesser d'être général, et l'armée continuer d'appartenir à la France. La France, gouvernée par Louis XVIII, ou tout autre monarque, aurait été protégée par l'armée contre Buonaparte lui-même, s'il avait entrepris de renverser le trône.

Mais Buonaparte était à la fois général et souverain. Outre l'affection que l'armée devait lui porter, soit à raison de la part active qu'il prenait à ses travaux (ce qu'il faisait par inclination et par intérêt), soit à raison du relâchement qu'il avait apporté dans la discipline, Buonaparte, comme chef de l'Etat, excitait, par des récompenses éclatantes et multipliées, dans l'âme des soldats, un sentiment profond de reconnaissance et de dévouement à sa personne. Cet homme, d'ailleurs, tout en négligeant l'amour des Français, s'attachait aux choses qui frappent le plus vivement la multitude : il était environné d'un prestige qui a duré fort long-temps ; et le soldat, dont le caractère n'est pas de se rendre compte de ses déterminations, a pu s'abandonner à son espèce d'idolâtrie.

C'est aussi par ce sentiment irréfléchi, mais très-fort, c'est par un mélange de fanatisme et d'intérêt personnel, plutôt que par de prétendues humiliations, que l'armée s'est ralliée à Buonaparte aussitôt qu'elle a eu connaissance de son débarquement ; elle l'a fait, parce qu'elle voyait revenir, avec son ancien chef, un système de gouvernement qui lui convenait beaucoup, des prérogatives, une prééminence dont elle était infiniment jalouse.

Il est probable que les régimens le plus dévoués à Buonaparte auront été envoyés les premiers à sa rencontre. Quoi qu'il en soit, presque toute l'armée a fait éclater le même sentiment.

Que pouvait faire alors Louis XVIII, abandonné de son armée, lui qui se trouvait dans la position étrange d'avoir pour compétiteur un homme qui venait de le précéder sur le trône, et que les soldats n'avaient vu qu'avec regret s'éloigner; lui que l'on trompait par de perfides protestations; lui qui n'a pu reconnaître qu'au dernier moment la trame infernale qui mettait sa personne en péril, et que son cœur généreux n'aurait jamais soupçonnée?

Devait-il employer ceux de ses fidèles sujets qui se sont volontairement offerts ? Sa bonté paternelle ne lui permettait pas d'exposer de simples citoyens à la fureur d'une armée aguerrie, enivrée du bonheur d'avoir recouvré dans Buonaparte le gage de toutes les récompenses, et qui se serait fait massacrer tout entière, plutôt que de l'abandonner. Engager une lutte sanglante entre Français paraissait d'ailleurs impraticable aux yeux du Roi : Buonaparte seul pouvait n'en être pas effrayé.

Peut-être S. M. aurait-elle pu faire marcher en poste toute sa maison militaire, les régimens suisses et ceux des volontaires royaux qui auraient été en état de servir sur-le-champ. Mais ce moyen, très-efficace au moment même du débarquement de Buonaparte, aura sans doute été jugé tardif après la découverte de la trahison. Alors, ceux des chefs qui s'étaient engagés sur l'honneur à se saisir de Buonaparte, avaient déjà écarté de lui tout ce qui aurait pu l'arrêter dans sa marche : et l'on sait d'ailleurs combien, par ces mêmes chefs, les mesures utiles, l'organisation des volontaires, par exemple, ont été entravées.

Le Roi a donc dû céder à la force des circonstances, plutôt que de faire couler inutilement le sang de ses sujets. Il a quitté momentanément sa capitale; et nos larmes, notre tristesse ont attesté nos regrets.

Dans la même journée, Buonaparte, escorté de soldats, s'est introduit, pendant la nuit, dans le château des Tuileries.

Ce qui prouverait seul qu'on ne voulait pas de lui, c'est la consternation, la terreur qu'ont alors éprouvées presque tous les habitans de Paris. Les rues étaient désertes, les maisons fermées avant l'heure ordinaire, comme si des ennemis s'étaient emparés de la ville à force ouverte. Les sinistres cris de *vive l'Empereur!* proférés par des soldats ivres et quelques hommes du bas peuple, ne servaient qu'à redoubler notre épouvante. Tel est l'effet qu'a produit l'entrée de Buonaparte dans nos murs.

Si quelques citoyens en ont paru satisfaits, c'est qu'ils y étaient intéressés, ou qu'ils étaient égarés par les craintes mal fondées que les agens secrets de Buonaparte leur inspiraient depuis long-temps, ou bien enfin qu'ils étaient incapables de raisonner juste.

L'événement qui devait être la conséquence inévitable du retour de Buonaparte, est arrivé : les alliés ont sur-le-champ repris les armes.

Puisqu'ils ne s'étaient unis que pour abattre cet homme, dont l'existence sur le trône de France était incompatible avec la paix européenne, et que ses soldats l'y avaient replacé, ils ont dû rallumer de nouveau la guerre ; et les offres que Buonaparte a faites aussitôt d'exécuter le traité de Paris, n'ont pu les arrêter un moment, d'après la connaissance qu'ils avaient de son caractère. Il était aussi bien important pour eux, pour leur repos, de punir la sédition, dont l'exemple dangereux venait d'être donné, par l'armée française, aux autres armées de l'Europe.

Non seulement les alliés étaient portés par leur intérêt à se soulever contre Buonaparte, mais peut-être encore leur dignité leur en faisait-elle un devoir : tant de souverains ne pouvaient supporter l'affront que Buonaparte venait de leur faire en s'évadant, et rompant ainsi le pacte solennel qui lui avait sauvé la vie.

Heureux les Français que, dans cette grande conjoncture, leur intérêt se soit trouvé lié à celui des puissances étrangères !

Elles voulaient que Buonaparte fût détruit : c'était aussi le plus ardent de nos vœux.

Elles voulaient qu'un roi pacifique, fidèle à sa parole, régnât sur nous ; elles voulaient faire respecter dans Louis XVIII les droits de la légitimité : et nous, nous ne voulions pour chef que l'héritier de nos rois. Nous devions donc, malgré les malheurs qui en devaient résulter pour nous, désirer le succès de cette entreprise contre Buonaparte et ses adhérens, puisqu'elle devait nous délivrer du despotisme militaire et nous rendre Louis XVIII.

Les alliés se seraient armés comme ils l'ont fait, pour leur propre cause ; et cette seule réflexion suffit pour détruire le reproche que la mauvaise foi habituelle des Bonapartistes ne cesse d'adresser à S. M. d'avoir attiré l'ennemi chez nous.

Mais l'intérêt de Louis XVIII eût-il été leur seul mobile, ce prince eût-il réclamé le secours de leurs armes, nous ne pourrions encore que nous en féliciter.

Considérons, en effet, quelle était notre position.

Buonaparte régnait.

Jamais nous n'aurions pu trouver en nous-mêmes les moyens de détruire la puissance que lui donnaient les militaires et les factieux. Le Roi n'y serait parvenu que très-lentement, quoi-qu'il eût pour lui l'immense majorité de ses sujets.

Cependant la France gémissait.

Il fallait donc, pour nous dégager de nos liens, opposer à Buonaparte des forces sembla-bles et supérieures à celles qui l'avaient ramené sur le trône, et qui l'y maintenaient, c'est-à-dire, des baïonnettes, puique c'était par elles qu'il nous commandait malgré nous.

C'était bien malgré nous ; c'était bien le roi que nous voulions : nous l'avons positivement prouvé le 8 juillet 1815, jour mémorable de la rentrée de Louis XVIII à Paris.

Par malheur cette joie si pure, si vraie, si vive, que nous avons tous fait.éclater en revoyant notre roi, une armée étrangère pouvait seule nous la procurer ; mais comme d'un autre côté, cette ar-mée nous a délivrés du gouvernement impérial, peut-être avons-nous déjà quelques raisons de nous consoler de sa présence.

Toutefois, nous aurons beaucoup de maux à réparer. Avant d'y parvenir, un temps fort long s'écoulera. Nous sommes , comme nation, profondément blessés; et dans ce moment, malgré la générosité des souverains, nous éprouvons, en grande partie, dans nos biens et même dans nos personnes, les rigueurs de la guerre.

Aussi devons-nous détester la cause de tant d'événemens désastreux ; mais sur ce point important, évitons le piége que l'on veut nous tendre ; gardons-nous bien d'une méprise sur laquelle la malveillance compte beaucoup.

Les partisans de Buonaparte sont très-adroits. Ils ont fait le mal , et ne veulent pas en supporter la peine dans l'opinion publique. Ils voient combien sont épouvantables les résultats de leur conspiration. Les tourmens que nous éprouvons nous arrachent des plaintes qui ne cessent de les accuser. Que font-ils alors, pour se soustraire à notre indignation ? Ils ont encore recours au crime. « C'est Louis XVIII, nous di- « sent-ils effrontément, qui nous ramène la « guerre : donc c'est par lui que nous sommes « malheureux : donc c'est lui que nous devons « accuser, haïr !!! »

Ces paroles impies sont en même temps si absurdes qu'elles devraient n'être pas à craindre. Mais combien de gens adoptent sans réflexion, ce qu'on leur dit ! S'il en est qui se trouvent ne pas aimer le roi autant qu'ils le devraient, c'est uniquement pour n'avoir pas pris la peine de faire ce raisonnement bien simple :

En 1814, Buonaparte, par ses extravagances, ses agressions injustes, avait fait détruire notre armée. Il était lui-même au pouvoir de ses ennemis. Pour conserver une vie qui paraît lui être si chère, il a fait sa première abdication. Les alliés, qui, probablement ne le connaissaient pas encore tout entier, ont cru que le repos du monde était assuré : ils ont retiré du territoire français toutes leurs forces militaires. Buonaparte et ses complices attendaient ce moment : il a reparu. Tout-à-coup les alliés trompés par Buonaparte, indignés contre lui, les alliés, plus formidables que jamais, sont accourus en France pour la seconde fois.

Il semble dès lors évident que Buonaparte est le seul instigateur de nos maux ; et certes, il était bien convaincu d'avance que ces maux devaient avoir lieu. Il savait, mieux que personne, qu'après son évasion, on ne pouvait le laisser tranquille, lui, l'objet de la première coalition, lui qu'on avait voulu détruire, parce que, suivant l'expression d'un illustre général, on ne pouvait avoir avec lui *ni paix, ni trève.*

C'est donc sciemment qn'il s'est rendu le plus coupable des hommes, en livrant la France aux fureurs de la guerre, en l'exposant à une destruction totale ; et, ce qui n'est pas moins horrible, en divisant d'opinions, les parens, les amis, tous les citoyens.

Ainsi, les bons Français qui ne voient qu'avec désespoir notre pays occupé par d'innombrables soldats venus de l'étranger ;

Ceux dont les propriétés sont détruites ;

Les braves militaires qui croyaient de bonne foi nous servir en défendant leurs aigles, ces généreux guerriers forcés d'abandonner la victoire ;

Les habitans surchargés d'impôts de guerre ;

Toutes ces classes peuvent, en ce moment, murmurer et se plaindre. Nous en avons tous le droit, puisque nous souffrons tous. Mais notre injustice nous rendrait-elle moins malheureux ! Si c'est Buonaparte qui nous a réduits à l'état de misère où nous sommes, pourquoi en accuser le roi ? Quel étrange aveuglement pourrait nous y porter, lorsqu'au contraire nous lui devons tant de reconnaissance ?

Que deviendrions-nous, en effet, sans Louis XVIII ?

Notre belle patrie serait une conquête que se partageraient infailliblement des vainqueurs depuis long-temps irrités. Les représailles qui pourraient avoir lieu, seraient terribles, puisque les Français, sous Buonaparte, ont si souvent abusé de la victoire. Quelqu'onéreuse que soit pour nous la présence de l'étranger, elle le serait encore davantage. Si le roi n'existait pas, si c'était un autre prince qui dût nous gouverner, les alliés, dégagés envers nous de toute obligation, feraient subir à la France un sort bien plus rigoureux : tandis qu'au contraire, Louis XVIII étant notre chef, nos provinces n'éprouvent que les désastres absolument inséparables de la guerre, le traité de Paris reçoit son exécution, et nous n'avons pas à craindre qu'en définitive notre territoire soit morcelé.

Ainsi, non seulement le Roi n'est pas la cause de nos maux, mais encore il les adoucit par sa présence. Ses vertus, ses malheurs inspirent, en outre, aux alliés, des égards qui concourent à notre salut. N'est-ce donc pas d'ailleurs une satisfaction bien douce pour nous dé voir sur le trône de France un prince qui se rattache, par la naissance, à la race antique et justement révérée de nos rois? Sans doute Louis XVIII aurait renoncé à ce trône, plutôt que de le reconquérir au prix de notre sang, ou même s'il n'eût pas été certain de notre attachement pour lui.

Il s'y trouve maintenant, non pour son bonheur, car il n'a que des plaies à cicatriser, mais pour nous garantir une paix nécessaire. En échange d'un si grand bienfait, abjurons les sentimens qui pourraient nous éloigner de lui. Ne donnons point aux étrangers le spectacle dangereux de nos dissensions. Unissons-nous pour aimer le meilleur des Rois.

GOYER DUPLESSIS.

ADRIEN EGRON, IMPRIMEUR
DE SON ALTESSE ROYALE MONSEIGNEUR LE DUC D'ANGOULÊME,
rue des Noyers, n°. 57.